Registre des délégués du personnel

―――――

Conforme à la législation française

_____ Entreprise

I0499206

_____
Etablissement

_____
SIREN

_____

_____
Adresse de l'établissement

Registre ouvert le : _ _ / _ _ / _ _ _ _   fermé le : _ _ / _ _ / _ _ _ _

Date	Demandes	Représentant(s) des salariés

Date	Réponses	Représentant(s) patronaux

Date	Demandes	Représentant(s) des salariés

Date	Réponses	Représentant(s) patronaux
	....	
	....	
	....	
	....	
	....	
	....	
	....	
	....	
	....	
	....	
	....	
	....	
	....	
	....	
	....	

Date	Demandes	Représentant(s) des salariés

Date	Réponses	Représentant(s) patronaux

Date	Demandes	Représentant(s) des salariés

Date	Réponses	Représentant(s) patronaux

Date	Demandes	Représentant(s) des salariés

Date	Réponses	Représentant(s) patronaux

Date	Demandes	Représentant(s) des salariés

Date	Réponses	Représentant(s) patronaux

Date	Demandes	Représentant(s) des salariés

Date	Réponses	Représentant(s) patronaux

Date	Demandes	Représentant(s) des salariés

Date	Réponses	Représentant(s) patronaux

Date	Demandes	Représentant(s) des salariés

Date	Réponses	Représentant(s) patronaux

Date	Demandes	Représentant(s) des salariés

Date	Réponses	Représentant(s) patronaux

Date	Demandes	Représentant(s) des salariés
	....	
	....	
	....	
	....	
	....	
	....	
	....	
	....	
	....	
	....	
	....	
	....	
	....	
	....	
	....	

Date	Réponses	Représentant(s) patronaux

Date	Demandes	Représentant(s) des salariés

Date	Réponses	Représentant(s) patronaux

Date	Demandes	Représentant(s) des salariés

Date	Réponses	Représentant(s) patronaux

Date	Demandes	Représentant(s) des salariés

Date	Réponses	Représentant(s) patronaux
	....	
	....	
	....	
	....	
	....	
	....	
	....	
	....	
	....	
	....	
	....	
	....	
	....	
	....	
	....	
	....	
	....	
	....	
	....	
	....	
	....	
	....	
	....	
	....	
	....	
	....	
	....	
	....	
	....	
	....	

Date	Demandes	Représentant(s) des salariés

Date	Réponses	Représentant(s) patronaux

Date	Demandes	Représentant(s) des salariés

Date	Réponses	Représentant(s) patronaux

Date	Demandes	Représentant(s) des salariés

Date	Réponses	Représentant(s) patronaux

Date	Demandes	Représentant(s) des salariés

Date	Réponses	Représentant(s) patronaux

Date	Demandes	Représentant(s) des salariés

Date	Réponses	Représentant(s) patronaux

Date	Demandes	Représentant(s) des salariés

Date	Réponses	Représentant(s) patronaux

Date	Demandes	Représentant(s) des salariés

Date	Réponses	Représentant(s) patronaux

Date	Demandes	Représentant(s) des salariés

Date	Réponses	Représentant(s) patronaux

Date	Demandes	Représentant(s) des salariés

Date	Réponses	Représentant(s) patronaux

Date	Demandes	Représentant(s) des salariés

Date	Réponses	Représentant(s) patronaux

Date	Demandes	Représentant(s) des salariés

Date	Réponses	Représentant(s) patronaux

Date	Demandes	Représentant(s) des salariés

Date	Réponses	Représentant(s) patronaux

Date	Demandes	Représentant(s) des salariés

Date	Réponses	Représentant(s) patronaux

Date	Demandes	Représentant(s) des salariés

Date	Réponses	Représentant(s) patronaux

| Date | Réponses | Représentant(s) patronaux |

Date	Demandes	Représentant(s) des salariés

Date	Réponses	Représentant(s) patronaux

Date	Demandes	Représentant(s) des salariés

Date	Réponses	Représentant(s) patronaux

Date	Demandes	Représentant(s) des salariés

Date	Réponses	Représentant(s) patronaux

Date	Demandes	Représentant(s) des salariés

Date	Réponses	Représentant(s) patronaux

Date	Demandes	Représentant(s) des salariés

Date	Réponses	Représentant(s) patronaux

Date	Demandes	Représentant(s) des salariés

Date	Réponses	Représentant(s) patronaux

Date	Demandes	Représentant(s) des salariés

Date	Réponses	Représentant(s) patronaux

Date	Demandes	Représentant(s) des salariés

Date	Réponses	Représentant(s) patronaux

Date	Demandes	Représentant(s) des salariés

Date	Réponses	Représentant(s) patronaux

Date	Demandes	Représentant(s) des salariés

Date	Réponses	Représentant(s) patronaux

Date	Demandes	Représentant(s) des salariés

Date	Réponses	Représentant(s) patronaux

Date	Demandes	Représentant(s) des salariés

Date	Réponses	Représentant(s) patronaux

Date	Demandes	Représentant(s) des salariés

Date	Réponses	Représentant(s) patronaux

Date	Demandes	Représentant(s) des salariés

Date	Réponses	Représentant(s) patronaux

Date	Demandes	Représentant(s) des salariés

Date	Réponses	Représentant(s) patronaux

Date	Demandes	Représentant(s) des salariés

Date	Réponses	Représentant(s) patronaux

Date	Demandes	Représentant(s) des salariés

Date	Réponses	Représentant(s) patronaux

Date	Demandes	Représentant(s) des salariés

Date	Réponses	Représentant(s) patronaux

Date	Demandes	Représentant(s) des salariés

Date	Réponses	Représentant(s) patronaux

Date	Demandes	Représentant(s) des salariés

Date	Réponses	Représentant(s) patronaux

Date	Demandes	Représentant(s) des salariés

Date	Réponses	Représentant(s) patronaux

Date	Demandes	Représentant(s) des salariés

Date	Réponses	Représentant(s) patronaux

Date	Demandes	Représentant(s) des salariés

Date	Réponses	Représentant(s) patronaux

Date	Demandes	Représentant(s) des salariés

Date	Réponses	Représentant(s) patronaux

Date	Demandes	Représentant(s) des salariés

Date	Réponses	Représentant(s) patronaux

Date	Demandes	Représentant(s) des salariés

Date	Réponses	Représentant(s) patronaux

Date	Demandes	Représentant(s) des salariés

Date	Réponses	Représentant(s) patronaux

Date	Demandes	Représentant(s) des salariés

Date	Réponses	Représentant(s) patronaux

Date	Demandes	Représentant(s) des salariés
	....	
	....	
	....	
	....	
	....	
	....	
	....	
	....	
	....	
	....	
	....	
	....	
	....	
	....	
	....	

Date	Réponses	Représentant(s) patronaux

Date	Demandes	Représentant(s) des salariés

Date	Réponses	Représentant(s) patronaux

Date	Demandes	Représentant(s) des salariés

Date	Réponses	Représentant(s) patronaux

Nom et prénom du représentant des salariés	Tit.	Sup.	Entrée en fonction	Fin de fonction

Nom et prénom du représentant des salariés	Tit.	Sup.	Entrée en fonction	Fin de fonction

Nom et prénom du représentant patronal	Tit.	Sup.	Entrée en fonction	Fin de fonction

Nom et prénom du représentant patronal	Tit.	Sup.	Entrée en fonction	Fin de fonction

Extrait du Code du Travail

Article L2315-8

Les délégués du personnel sont reçus collectivement par l'employeur au moins une fois par mois. En cas d'urgence, ils sont reçus sur leur demande.

L'employeur peut se faire assister par des collaborateurs. Ensemble, ils ne peuvent être en nombre supérieur à celui des représentants du personnel titulaires.

Les délégués du personnel sont également reçus par l'employeur, sur leur demande, soit individuellement, soit par catégorie, soit par atelier, service ou spécialité professionnelle selon les questions qu'ils ont à traiter.

Article L2315-9

Dans une entreprise en société anonyme, lorsque les délégués du personnel présentent des réclamations auxquelles il ne pourrait être donné suite qu'après délibération du conseil d'administration, ils sont reçus par celui-ci, sur leur demande, en présence du directeur ou de son représentant ayant connaissance des réclamations présentées.

Article L2315-10

Dans tous les cas, les délégués du personnel suppléants peuvent assister avec les délégués du personnel titulaires aux réunions avec les employeurs.
Les délégués du personnel peuvent, sur leur demande, se faire assister d'un représentant d'une organisation syndicale.

Article L2315-11

Le temps passé par les délégués du personnel, titulaires ou suppléants, aux réunions prévues à la présente section est rémunéré comme temps de travail.

Ce temps n'est pas déduit du crédit d'heures dont disposent les délégués du personnel titulaires.

Article L2315-12

Le temps passé aux réunions du comité social et économique avec l'employeur par les représentants syndicaux au comité est rémunéré comme temps de travail.

Ce temps n'est pas déduit des heures de délégation dans les entreprises d'au moins cinq cent un salariés.